はじめに ────────────────────────

今、このページを開けているのは、福祉・介護の仕事を目指す、あるいは興味をもっている方でしょう。あなたは「幸運！」です。迷いを断ちきる一言に出会うかもしれないからです。この冊子は現役の職員たちの元気でやりがいを感じる言葉で満ちあふれています。

「隗（かい）より始めよ」という中国のことわざがあります。「言い出した者から実行せよ」という意味です。私の経験を話します。私は、福祉、介護の仕事に魅力を感じて転職しました。50歳になる少し前のことです。惹かれた理由は、やりがいだけではありません。「これは、人々の生活に必要不可欠な仕事だ」と将来性、安定性を感じ取ったからです。以来20年間やめようと思ったことはありません。制度改正や人出不足などの困難や試練も職員と共に乗り切って来ました。どんな仕事でも答えのない課題に直面します。そんな時、課題の解決方法を一緒に考え、実践をもって立ち向かえる仲間がいれば、必ず好転します。福祉・介護の世界にはそんな仲間がたくさんいることを実感しました。

介護の仕事にはネガティブなイメージがつきまといます。きつい割に給与が安い、休暇が取りにくいなど。しかし、給与の改善、ICT・介護ロボットの導入、働き方改革が進んでいます。ここに登場する職員の声を聞けば、やりがいはもちろん、楽しんで働いている様子が伝わってきます。ぜひ最後までお読みください。

東京都社会福祉協議会
東京都高齢者福祉施設協議会
会長　田中　雅英

目　次

"介護の魅力アンケート"概要

本書は東京都内の特別養護老人ホームで働く現役の介護職員を対象に実施した「介護の魅力アンケート」の回答をもとに、同じく都内で働く若手介護職員によるユニット"東京ケアリーダーズ"が、介護職の魅力を伝えるべく作成いたしました。

対 象 都内の特別養護老人ホームで働く介護職員

回答期間 令和2年10月6日〜令和2年10月31日

回答総数 467件

東京都社会福祉協議会
東京都高齢者福祉施設協議会
マスコット『アクティブル』

回答者の概要

▼介護職員としての経験年数

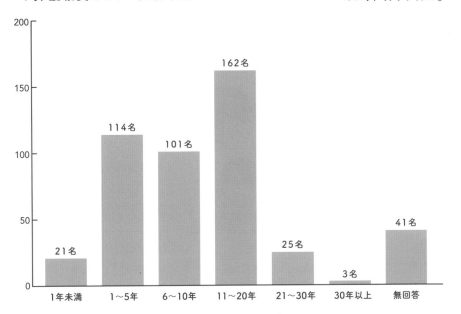

	1年未満	1〜5年	6〜10年	11〜20年	21〜30年	30年以上	無回答
名	21名	114名	101名	162名	25名	3名	41名

ケアリーダーズ紹介　*01.*氏名　*02.*所属　*03.*コメント

*01.*荒井 裕介（副代表）
*02.*あかね苑

私達の活動がよりよい社会
福祉に繋がると信じています。
この本がその一助になれば
幸いです。

*01.*広瀬 史夏
*02.*白十字ホーム

自分が楽しめる仕事で
なければ続かない。その
言葉の通り、私は今の
仕事が一番楽しいです。

*01.*高橋 雅之
*02.*みたか紫水園

この本を読んで介護に興味を
持つ人が増えてくれたら嬉しい
です。僕のように未経験から
でも始められますよ？

*01.*小林 健太
*02.*はるびの郷

この本が、福祉に興味を
持っている方を応援し、
既に福祉の仕事をされ
てる方を励ましてくれる
ような一冊になったら
幸いです。

*01.*早川 広夢
*02.*南陽園

手に取った方が他の介護
職員と気持ちを共有でき、少し
でも仕事のモチベーションが
向上したら嬉しいです。

*01.*上村 那智
*02.*偕楽園ホーム

私達はこの仕事に誇りを
持って働いています。この本
を通し少しでもそんな魅力が
伝わると嬉しいです。

*01.*井上 悠夏
*02.*マザアス日野

この本を読んで、大変な事
や難しい事がある中でそれ
らの倍くらい楽しい事、嬉し
い事、面白い事がある事が
伝わったら嬉しいです。

*01.*櫻田 康平
*02.*ひのでホーム

この本を通して、介護の
イメージが明るいものに
なり、素敵な仕事である
事が伝わればと思い
ます！

*01.*小林 祥子
*02.*シャローム東久留米

この本には、色々な介護施設の職員さ
んからの意見がたくさん載っています！
手に取った方に少しでも感じ取ってもら
えることがあるといいなと思っています！

*01.*番本 鷹也（代表）　*02.*博水の郷

私たちが作ったこの本は、介護をする人が
体験した喜怒哀楽の色々な話が詰まって
います。福祉の仕事をしている方には、きっと
共感してもらえる内容になっていると思います。

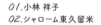

*01.*照喜名 竜彦　*02.*新町光陽苑
私達が行っている介護の仕事について
知ってもらいたいことが多くあります。
高齢者の幸せを作る私達の仕事につ
いて、この本を通して触れていただけれ
ばと思います。

第1章

わたしが思う 介護の魅力 ♥

Care Worker
Voice.01

1 わたしが思う介護の魅力 ♥
〜 コミュニケーション 〜

認知症があり、いつも入浴を嫌がるご利用者がいました。なかなか職員に対して心を開いてくれなかったのですが、挨拶や普段のコミュニケーションを取ることで段々とお風呂に入れる日が増えてきました。今では職員の事を名前で呼んでくださり、「今日はお風呂かしら？」と楽しみにしてくれています。ご家族からも「お風呂を嫌がっていたのに、皆さんのお陰で綺麗になりました。」と感謝されました。（11年目・Nさん）

普通に接してくれたから…

普段あまり発語のないご利用者に対して声掛けを続けていたら、実は気さくでお話し好きの方でした。次第に心を開いてくれるようになり、笑顔も多く見られるようになりました。「貴方が普通に接してくれたから、信頼できたの。」と言ってくださり、声掛けを続けて良かったと思えたし、こうやって信頼関係が出来るのだと学ぶことが出来ました。（4年目・Fさん）

落ち込むことないわよ

仕事で失敗をして落ち込んでいたときにご利用者に手招きされて行ってみると、「貴方は一生懸命やっているわ。落ち込むことないわよ。」と頭を撫でて慰めてくださいました。その方は認知症があり、普段自分からあまり会話をされない方なのですが、その言葉に心が救われました。10年以上前の出来事ですが未だに心に残っています。（26年目・Sさん）

早く寝なさい

夜勤中にトイレに起きられたご利用者がいて、部屋に行くと「あなたこんな時間まで何やってるの？早く寝なさい。」と叱られます。（笑）（8年目・Aさん）

1 わたしが思う介護の魅力 ♥
～ 個別ケア ～

思い出が励みとなっている

介護を始めて1年目の頃、あるご利用者にだけトイレ誘導をお断りされることがありました。トイレ誘導に成功している職員からのアドバイス（テレビが好きな方なので、番組が終わったころに声を掛ける・新聞やチラシを手渡してトイレにご案内するなど）を沢山もらいながらも、それでも効果は出ず悩む日々…。

トイレ誘導は断られながらも、その方と話す回数を少しずつ増やしていく中で、あるとき「僕はコーヒーが好きなんだ。」というお話しを聞かせていただきました。"そうだ、今度トイレ誘導の前にコーヒーをお渡ししてからご案内してみよう"とひらめき、次の日、トイレ誘導の前に「コーヒーを用意しましたので、少し一休みしませんか？」と声を掛けました。すると、飲み終えた後、声掛けを断られることなくトイレにご案内することができました。とっても嬉しかったです。この思い出はずっと印象に残っており、励みとなっています。今ではその方の様々な介助に携わることができており、他の職員がうまくいかないときに、代わりに対応することもあります。他の職員から「〇〇さんのときは笑顔がみられているね。」と言われたときは本当に嬉しかったです。これからも頑張っていきたいと思います。（4年目・Kさん）

百歳のフライドチキン

普段ペースト状のお食事を召し上がっている100歳のご利用者。他職種と連携し、ご家族の協力もあって、大好きなフライドチキンを食べて喜んでいただくことができました。（14年目・Yさん）

工夫して対応

認知症があり、入浴を嫌がるご利用者の対応に困った時、職員皆で意見を出し合いました。環境、時間、声掛けを工夫して気持ちよく入浴してもらえたことが嬉しかったです。（11年目・Iさん）

起きてみようか

ベッドから起きるのを嫌がるご利用者がおり、本人から離床したくなるすべはないかを多職種で連携して考えました。初めは、何事も本人の意向に沿いながら、ベッドでの食事や排泄、清拭などを行いつつ、視野が広がるような雰囲気づくりを心掛けました。次に、居室外で催し物をしているところをベッド上からでも見られるような環境の配慮、そして言葉がけ。すると徐々に"起きてみようか"と思っていただけ、最終的にベッドから起きて過ごすことができるようになり、身体機能も向上できました。(4年目・Sさん)

それぞれの『今』と向き合う

普段お部屋で寝て休まれている事が多いご利用者が、何気なく会話をしている中で「東京ドームに行きたいな。」「野球が見たいな。」と話されました。その方は大の野球ファン。願いを叶えてあげられないかと話し合いましたが、東京ドームまでの道のり等を考えるとその方のADL(日常生活動作)や体力では難しいという結果になってしまいました。しかし、職員もご利用者も諦めず、"東京ドームではなくても野球は見られる!近場の西武ドームなら行けるのでは!?"と再度話し合いを行い、車での送迎や、その方の身体に合わせた車椅子の用意等、他職種の協力も得て計画を立てることができました。

しかし、コロナウイルスの流行により、無観客での試合となってしまったため、結局西武ドームへ行く事は出来ませんでした。それでも野球を見ることはできないかと考えた結果、ご家族の前向きなお言葉もあり、職員所属のソフトボールチームの練習試合を見に行く計画を立てることができました。当日は天気にも恵まれ、声を出し応援する様子や実際にボールやバットを持ち嬉しそうな表情を見ることが出来ました。

普段お部屋で休まれていることが多い方ということもあり、実現できないまま過ぎてしまう会話だったかもしれません。ただ、『今しかできないこと』『今だからできること』を大切にしたいという思いから、形は違えど、ご利用者の願いを叶えることができました。今回に限らず、今後もそれぞれのご利用者の『今』と向き合い、ご利用者のために支援していきます。(12年目・Kさん)

1 わたしが思う介護の魅力 ♥
〜 看取り介護 〜

大好きなビール

お酒が好きだったご利用者の看取り介護の際、ご家族や他職種の協力のもと、口を湿らす程度ではありますが、ビールを嗜んでいただきました。（4年目・Aさん）

ここで最期を過ごせてよかった

看取り期の方で、ご家族の葛藤やご本人の辛さ、介護職として何が出来るのか日々考えさせられたケースがありました。最期は、言葉が出せないご利用者が私の手を握ってくださり、穏やかな表情で旅立たれていきました。その後ご家族から「ここで最期を過ごせてよかった。」と言ってもらえました。（21年目・Mさん）

最期が貴方で良かった

ご家族ですら最期を看取ることが難しくなっている現代において、私たち介護職員が最期の瞬間まで付き添うことができ、「最期が貴方で良かった。」と言っていただけました。（15年目・Iさん）

どうしても元気なうちに…

自分が担当しているご利用者から、「どうしても、元気なうちに都庁に行きたい。」との希望がありました。ご家族に了承を得て計画をし、一緒に都庁に行きました。その後マップを作成して、各場所で撮った写真を一緒に貼り、居室に飾りました。

その方は、その後1か月以内に状態が急変し、亡くなってしまいました。自分が出来ることは本当に小さい事ですが、ご利用者の為に希望を叶えられ、力になれることが出来て、介護の仕事をしていて良かったと感じました。

また、その方の長い人生の中で、最期の大切な時間に関わらせてもらえました。最期に携われること、看取れることが本当にありがたいことだと感じています。

（15年目・Oさん）

身内でもない人に…

ご利用者から「身内でもない人にこうして世話になり、優しくしてくれる。人生の終盤にここ（施設）へ入ることができたのは本当に幸せなことだ。」と言っていただけました。
（10年目・Hさん）

忘れられない幸せに満ちた顔

私が入職して5年目の時、胃瘻（いろう）の方が入所されました、その方は心不全等の持病があり、看取り介護対応での入所でしたが、当初から食事がくるたびに必死になって「私のご飯がこない！」と訴える様子に、とてもせつない気持ちになったのを覚えています。

"ご飯が食べたい"という願いを叶えてあげたい！このままでは絶対に後悔する！という思いから、他職種と連携し、経口摂取に向けての取り組みを始めました。

小さな一歩を積み重ねて半年後、集まった沢山のスタッフとご家族が見守るなかで、実際に経口摂取の可否検査が行われました。

その結果、経口摂取が可能と聞いたとき、ものすごくうれしい気持ちと同時に心の底からほっとしたのを覚えています。ご家族が「ほんとはもう死んじゃうかと思ったんだよ。それがまさかご飯が食べられるようになるなんて！」と泣きながら本人と抱き合い、喜んでいるのを見て、胸が熱くなりました。

その後、夢だったおせち料理を召し上がるまでに回復され、願いがかなえられた時の美味しそうな、幸せそうな顔を忘れられません。

ある日、その方が急変し看取ることになりました。すごく急な出来事でしたが、後悔なく自信をもってお見送りすることができました。それは『その人らしい人生』という看取り介護に対する考えを体現できたからだと思っています。

この経験は私にとってとても貴重なものになり、ケアで迷った時や自信を失いそうになった時には今でも必ず思い出します。これからも、ご利用者・ご家族・仲間、そして自分自身が後悔しないように、精進していきたいと思います。（6年目・Sさん）

チームワークの大切さ

看取り介護を実施する上で、ご利用者、ご家族、専門職が協力し合うことでチームワークの大切さを学びました。また、最期の時にご利用者から「ありがとう」の言葉をいただいたときには心から嬉しく、看取った後にご家族から感謝の言葉をいただいたときには介護職としてのやりがいを感じました。自分自身の成長を実感できる仕事だと思います。（20年目・Yさん）

自分が最期に立ち会いたい

誰でも"人の最期に立ち会うことは出来れば避けたい"と考えるのは仕方のないことだと思います。私も初めはそうでしたが、最期を迎えるご利用者に「ありがとう。」と言われたり、ご家族から「この施設で最期を迎えられて良かった。」と言われて、今では"自分が最期に立ち会いたい。少しでも人生の最期を良かったとご利用者やご家族に思ってもらえるようなケアを目指したい"と思えるようになりました。（8年目・Aさん）

顔がいつも険しくして…

看取り介護で亡くなった方のご家族から「ここの施設に入る前は本当にいつも険しい顔をしていたんだけど、ここに来てからどんどん表情が明るくなってきたのよ。ここで良かった。」と言ってもらえました。（5年目・Kさん）

ご本人と自分の写真

担当していたご利用者が亡くなられた際、お通夜の会場の一画に、ご本人と私の写真がたくさん飾られているコーナーがあり、とても嬉しく感じました。（13年目・Bさん）

1 わたしが思う介護の魅力 ♥
～ ご家族とのかかわり ～

あるご利用者が食事後に息が止まってしまい、そのまま亡くなってしまったことがありました。私がその方のお食事の介助をしていたので責任を感じ、なかなか元気が出ずにいました。一緒に働いていた職員、施設長、看護師の皆さんが気にかけ、いろいろと声を掛けて下さいました。施設からご利用者の葬儀の連絡をもらって葬儀に参列させていただいた際、ご利用者の娘様が、お会いしてすぐに抱きしめてくださり「ありがとうね。」と言ってくださったことは、今でも忘れられません。（12年目・Mさん）

施設での変化

入浴を嫌がるご利用者が、日頃の関わりを通し次第に拒否なく入浴されるようになりました。ご家族からも「お風呂を嫌がっていたのに、皆さんのお陰で綺麗になりました。」と感謝されました。このエピソードだけに限らず、自宅でできなかったことが施設でできるようになってご家族から感謝される事が多いです。（11年目・Nさん）

なんでも話せる場所があるから…

日頃から、ご家族に近況を聞いたり、在宅介護の悩みを聞くようにしています。ご家族から「なんでも話せる場所があるから、一人で介護している気がしない。」と言っていただき、自身の役割を実感しました。また、改めて在宅介護の大変さを感じ、力になりたいと思いました。（19年目・Oさん）

○○さん

ご家族から「職員さん」と呼ばれていたのが、時間が経つにつれ「○○さん」と名前で呼んでもらえたり、覚えてもらえると嬉しく感じます。
また、偶然プライベートでお会いした時にも気兼ねなく話しかけていただけたのが嬉しかったです。（2年目・Wさん）

Thank you!

コロナ禍での関わり方

コロナ禍でご家族とより密に連絡を取るようになりました。電話の連絡だけでなく、お手紙と共に日頃の様子の写真を送ると、とても喜び、感謝してくださいました。「こんなに良くしてくれて本当に嬉しい。」「この施設で本当に良かった。」と言っていただけたのはとても嬉しかったです。（5年目・Sさん）

ご家族からのお手紙

施設を退職する際にご家族からお手紙をいただいたことがあります。内容は感謝の言葉が綴られていました。とても嬉しかったことを覚えています。（12年目・Tさん）

安心して任せてもらえた

普段からお母さんのことを気にかけてくださっている娘さんが、「ここは本当に安心して預けられます。」と話してくださったことが嬉しかったです。（5年目・Kさん）

暫く会えなかったけど…

毎日面会に来てくださるご家族がいて、いつも職員と気さくに話したり、労いの言葉をかけてくださっていました。ご家族の協力は施設にとってとてもありがたいことであり、ご利用者にとっても家にいる様な安心感を与えます。
コロナ禍になり、なかなかご家族も面会ができなくなりました。久々にオンライン面会にてお話しした際に、「暫く会えなかったけど、この施設にいたから全然心配せず、安心して過ごすことが出来たよ。」と言ってくださり、以前と同じ様に職員を労ってくださいました。早く以前の様にご家族が気軽に会いに来られる施設に戻って欲しいと心から思います。（8年目・Yさん）

14

感謝の手紙

看取り介護ではありませんでしたが、担当のご利用者が亡くなったあと、ご家族からの感謝の手紙の中に自分の名前があり「特に感謝しています」と書かれていたことがあります。全力でやって良かったと思いました。（6年目・Iさん）

自分のやってきたことが実を結んだ

面会に来るご家族は職員のことをよく見ています。自身の親や同じような立場の人たちにどのように接してくれるのか？それぞれの考えがあって、職員を見ているのだと思います。初めはこの視線に戸惑ってしまい、思うように仕事ができない頃がありました。息苦しさをおぼえつつ、なんとか失礼のないようにと心掛けるのが精一杯で挨拶以外まともに声掛けもできず慎重に介助を行っていたある日、ひとりの女性に突然声を掛けられました。その方は私が担当していたご利用者の娘様で、「母がいつも『職員のお兄さんにはとてもよくしてもらっている』と言っていますし、家にいた頃よりなんだか顔色が良い様に感じます。」と話してくださいました。その瞬間、息苦しさは消え、気持ちが満たされていくのを感じました。初めて"自分のやってきたことが実を結んだ"と思いました。私にそう思わせてくれたのは、面会に来たご家族だったのです。それ以降ご家族に対する苦手意識は無くなり、むしろ積極的に話すようになりました。我々の知らないご利用者の話などはとても参考になります。（12年目・Tさん）

わたしが思う介護の魅力 ♥
～ 職員同士のかかわり ～

ご利用者に快適に過ごしていただくために、職員で話し合って色々な
ケアを実施しています。成功しても、失敗しても、一緒にチャレンジをする
ことで、各々の内に秘めた思いを伝える事ができるようになっていき、一緒に
成長できたと感じました。この経験を通し、介護は1人でやるのではなく、
チームでやっていると実感することができました。（16年目・Uさん）

チームでやっている

助け合うことを楽しむ

みんなでイベントの計画を作成する一体感や、
日々ご利用者のケアを実行する中で、職員同士で
助け合うことが楽しいです。介護をやっている
人達は、人助けが好きな人達の集まりだと思い
ます。（17年目・Hさん）

考え方や視野の変化

ご利用者の対応で困った時に介護職
だけで相談しがちでしたが、看護など
他の職種にも相談すると別の視点で
意見を出してくれました。その結果、
考え方や視野が広がりました。今では
他職種にも積極的に相談しています。
（16年目・Sさん）

自分も変わることができた

未経験から働かせていただいていますが、人間
関係に恵まれ、人として成長できたと思います。
本当に優しい職員と一緒に働くことで、自分も
変わることができました。（10年目・Eさん）

一緒に頑張ってくれる仲間の存在

私が企画したレクリエーションは、ご利用者に手作りおでんをふるまう事で冬の到来を感じていただく、というシンプルなものでした。しかし、レクリエーションのクオリティの高さを追求する事に長けている職員が多い私の施設では、「おでんを提供するだけではなくて、昭和のおでん屋台を作ろう!」と多数の声が挙がり、おでん作りの前に、おでんの屋台から作る事になりました。時間や予算の都合もあり、今あるものをうまく使うことにしました。屋台の骨組みは物干し竿とボール紙で、机と提灯は夏祭りのレクリエーションで使用しているもので、「昭和」のノスタルジーな雰囲気は物置の奥で眠っていた備品で表現しました。

気が付くと私達はおでんを提供するレクリエーションなのに、おでんを作るよりもおでんの屋台を作る事の方に熱中していました。それがすごく、すごく楽しかったのです。まるで文化祭の準備に熱中していた学生時代に戻ったようでした。その様子をみた他部署の方も「ここをこうしたらもっと良くなりそう!」と物品を貸してくれたり、探してくれたり、一緒に手伝ってくれたりと大盛り上がり。

そして当日、おでん屋台はご利用者のみならず、職員からも大好評でした。また、屋台の評判を聞いてたくさんの方が来られ、クオリティの高さを絶賛してくれました。

『一緒に楽しんでくれる・チャレンジしてくれる仲間がいる』と知れたことで、仕事に対して『楽しむ・チャレンジする』ということができるようになりました。これからもたくさんの仲間と協力し、ご利用者がより良い生活を送れるよう支援していきます。(4年目・Aさん)

周りの支えに助けられた

あるご利用者の骨折で責任を感じていた時に、なかなか気持ちが持ち直せずにいました。それを見ていた周りの先輩方や、相談員などから「〇〇さんの介助方法を今まで見てきていたから、今回の件はいい加減な介助をして起きたことじゃないと信じられるよ。」「中にはやってしまったことを隠そうとする人だっている。今回正直に話すのだって勇気が必要だったと思う。」と言ってもらえ、周りの方の支えや一つの声掛けでこれだけ心が救われるのだと感じました。（5年目・Sさん）

日々の活力

私の施設に限ったことでは無いと思いますが、飲み会が多いです。（笑）普段あまり話をしない職員とも仲良くなったり、普段こんなことを考えていたんだと知る良い機会になっています。改めて"私の施設はみんな仲が良いなー"と思える瞬間で、日々の活力にもなっています。どんなに遅くまで飲んでも次の日は平然と仕事をしている先輩方がとても素敵です。（笑）今はコロナで飲み会はできませんが、またみんなでおいしいお酒が飲める日を楽しみにがんばります。（8年目・Yさん）

介護者の行動の根幹とは

私は未経験で介護の仕事を始めました。周りは経験者揃いでとても面倒見がよく、介護技術だけでなく服の洗い方や畳み方、料理の盛り付け方に掃除の小技など本当に色々な事を教えてもらいました。当時、ある職員から「普段から気配りができていれば、きっとご利用者の変化にもすぐに気が付けるようになるよ。」と言われたことがあります。あの頃は目の前の仕事に必死で考えたこともなかったですが、ただ綺麗にするだけではなく、我々介護者の行動の根幹には必ずご利用者がいるということを教えてくれていたのではないか、と今は思えるようになりました。ちなみにその職員からは今でも「常に考えて行動しなさい。」と言われてしまいます。（笑）私はちゃんと気配りができるようになっているのでしょうか…。（12年目・Tさん）

1 わたしが思う介護の魅力 ♥
〜 スキルアップ 〜

私の大きな原動力

『ありがとう』この言葉は私にとって大きな原動力となり、活力になります。

入職してから約1年が過ぎました。1年前の私は、介護について右も左も分からない状態で大きな不安を抱えており、毎日業務を覚える事やご利用者の介助をするのに精いっぱいな日々でした。しかし、そのような私にもご利用者は必ず「ありがとう。」と声を掛けてくださいました。なぜ何もできない自分に感謝の気持ちを伝えるのか、自信のない私は疑問で一杯でした。

社会人として、日々の仕事にも少しずつ慣れてきた7月、施設で夏祭りが開催されました。入職してから初めての大きな行事。私は、当日会場までご利用者の案内をする担当となり、人生で初めての浴衣を着て夏祭りの参加に胸を躍らせていました。

職員総出で催し物を披露し、屋台の食事を嬉しそうに召し上がるご利用者。笑顔いっぱいの風景と、お祭りの匂い・音すべてに心が満たされていたのを覚えています。参加されるご利用者を会場まで案内していると、一人のご利用者（Aさん）が私に声を掛けてくれました。

〈Aさん〉「今日は夏祭りなの？」

〈私〉「そうですよ！一緒に行きましょう！私がご案内します！」

〈Aさん〉「あら、じゃあ行こうかしら。」

Aさんは事前の確認で「行かない。」と話されていたため参加者リストにお名前はありませんでした。もしかしたら私自身が楽しんでいたことで、Aさんの気持ちを変えられたのではないかと思うと、お祭りがさらに楽しくなりました。

後日出勤した際、Aさん呼び止められ、「○○さん、この間はどうもありがとう。○○さんに連れて行ってもらってなかったら夏祭りには行ってなかったよ。とても楽しい時間でした、本当にありがとう。」と声をかけていただきました。その言葉のおかげで私は自分の仕事にやりがいを感じ、これまでにないくらい自信を持つことができました。

この出来事から、まずは自分が楽しむことの大切さと、感謝の気持ちを相手に届けることの素晴らしさを教えていただきました。私も、『ありがとう』という気持ちを行動や言葉できちんとお返しできるよう、成長していきたいと思います。（2年目・Nさん）

オムツ交換が前より綺麗に丁寧にできるようになった等、働いていくうちに
どんどんできることが増え、成長を実感できています。逆に言うと「自分はここが
できてないな」という気づきもあります。そのできなかったことも次第にできる
ようになり、より成長を感じます。(1年目・Jさん)

人間的に成長できる

ご利用者も職員も一人ひとり価値観や考え方が異なるため、自分の中には
なかった価値観や考えに気づき知ることができます。そのため人間的に
成長できる機会が多いのが介護だと思います。(15年目・Mさん)

私の笑顔と自信に繋がる瞬間

私が担当させていただいているフロアには、認知症を患っているがゆえに新しいことを
覚えることが苦手なご利用者が多くいらっしゃいます。その為、何度自己紹介をしても
名前を覚えていただくことはとても難しく、名前で呼んでいただけることは少ないです。
そこで私は自分の名前である『あゆみ』に関連して、お魚の名前というヒントを出す等の
工夫をし、お会いするたびに「私の名前を覚えていただけましたか?」と尋ねることに
しました。初めの3か月ほどは私の名前を伝えても「あゆちゃんっていうのか!」と初めて
聞いたような返答をされていました。それでもあきらめずに自己紹介を続けていると、
5ヵ月目くらいにはヒントにしていたお魚の名前というのを覚えてくださいました。
約1年経つ今でもまだ、1回目の問いかけで名前を答えていただけることは少ないですが、
5回に1回程は「あゆちゃんだな。」と答えていただけています。名前を呼んでもらえ
る度に、"あきらめずに何度も自己紹介をしてよかったな、少しずつだけど自分を認識し
てもらえている"と嬉しい気持ちでいっぱいになります。
そして、今目の前にある難しい仕事も、途中であきらめずに続けていれば、いつか必ず
できるようになるのだと実感しました。この経験は、今の私の笑顔と自信に繋がっています!
(2年目・Fさん)

介護の業界は自身のステップアップが明確になっていることも魅力の1つではないでしょうか。未経験でも働くことができ、施設で3年の実務経験を積み、養成施設等における「実務者研修」を修了すれば、国家資格である介護福祉士の受験資格を得ることができます。更に経験を積むことでケアマネジャー等の資格取得も可能です。費用を制度などで負担してもらえるケースもあります。自分の働きが数年毎に成果になる。資格取得と共に成長を実感できるというのも、魅力だと感じています。(8年目・Yさん)

何かを伝える難しさ

私が入職してから4年目になるまでは新人が来ず、自分より年上だったり、派遣として来ている方への指導で、なかなかうまく自分の考えが伝えられずにいました。そんな中、介護未経験で年下の新人が入職。念願の後輩だったのですが、今度は未経験だからこそその難しさ、年が近いからこそその伝わりにくさに直面し、自分がちゃんと伝えられているのかどうか不安でした。「もうやめるかもしれないです。」と言っていた後輩ですが、今では一生懸命に仕事をしていて、「○○さんは一番厳しいから。」と笑って話していることもあります。何かを伝えようとすることは難しいけれど大切な事です。それは、新人教育に関わらず、ご利用者にも通ずることだと感じました。(5年目・Sさん)

自分の考えを持てるようになった

ご利用者の様子を観察したり実際に介助を行っていると、次第にその方の事が分かるようになってきます。不意に看護師や生活相談員から様子を聞かれた時、すぐに返答できると、ちょっと成長したかも?と思います。それ以外にも、職員間での話し合いの中で「こういうことを試してみたい。」「こっちの方がこの方には合っているんじゃないだろうか?」と意見が出せるようになった時に成長を感じたりもします。先輩の真似事から仕事を覚えていった私にとって、自分の考えを持てるようになったという事が一番の成長なのではないかと思います。(12年目・Mさん)

1 わたしが思う介護の魅力 ♥
～ プライベートの充実 ～

シフト制なので計画的に休暇申請ができます。平日休みも多いため、土日や祝日は混むような場所も空いている事が多いです。平日しかやっていない役所等に行くのにもありがたいです。（4年目・Gさん）

不規則だからこそのメリット

不規則な勤務だからこそ、連勤が少なく休みまでのスパンが短いので、疲労が溜まる事なく心身共に休めます。（1年目・Iさん）

私の贅沢

私は某テーマパークが大好きです。平日休みが多いので、土日に比べ空いているタイミングで行けて、とても充実した1日を過ごせます。ボーナスが出たときは平日に連休をいただき、一泊して両方行くのが私の贅沢です。（笑）（3年目・Hさん）

若かりし頃…

若かりし頃は、夜勤明けの2連休はほぼ3連休みたいなものであり、旅行に行っていました。現在は体力的に無理です…（笑）（19年目・Dさん）

一人の時間

私には小さい子供がいるので、仕事以外の時は常に一緒にいます。そんな私にも一人の時間があります。それは夜勤明けです。ゆっくり寝るのも良し、遊びに行ったり昼からお酒を飲むことだって出来ます。そのおかげでストレスなく子育てと仕事を両立できています。子供の学校の行事や誕生日は必ず休みをとります。ここまで融通の効く素晴らしい仕事って無いのではないでしょうか？（8年目・Aさん）

1 わたしが思う介護の魅力 ♥
～ 日本でがんばる外国人介護職員に聞いたエピソード ～

互いに教え合う

ご利用者に中国語の数字を教えてあげます。ご利用者は私の日本語の発音を直してくれます。（2年目・中国・Iさん）

日々の積み重ね

初めは外国人だから不安を感じさせてしまっていたけど、少しずつ信頼してくれて嬉しかったです。
（3年目・インドネシア・Rさん）

フィリピン料理

料理クラブでフィリピン料理を振る舞ったら「美味しいね！」と言ってくれました。
（4年目・フィリピン・Aさん）

ご利用者が先生

時々地元の言語が出てしまうことがあります。そんな時は、ご利用者が「違うよ。それは日本語じゃないよ。」と教えてくれます。
（3年目・インドネシア・Oさん）

ベトナム語で挨拶

あるご利用者に会話の中でベトナム語の事を聞かれ、ベトナム語を教えた事があります。別の日に、食事の時に出たフルーツを「ベトナム語でなんて言うの？」と聞かれたので答えると、ベトナム語でお礼を言ってくれました。その方は、いつもベトナム語で挨拶をしてくれます。（1年目・ベトナム・Hさん）

第2章

これがわたしの
こだわり！

Care Worker
Voice.02

経験3年未満

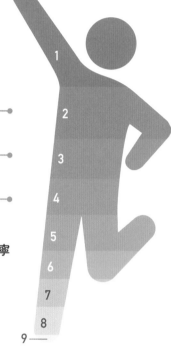

No.1 気付き、寄り添う事

No.2 信頼関係、コミュニケーション

No.3 利用者目線

No.4 笑顔、楽しむ事	No.5 安心・安全・丁寧
No.6 尊厳の保持	No.7 プロ意識
No.8 自分の健康管理	No.9 思いやり

1
2
3
4
5
6
7
8
9—

当たり前の日常を楽しく

私が今の仕事をする上で一番に大切にしている事は、ご利用者にとって当たり前の日常が楽しく感じられるようにする事です。365日24時間体制の施設での生活は、正直私はストレスになっているのではないかと考えています。本来であれば、なじみのあるお家や家族と過ごせることが一番だと思うからです。しかし、様々な理由から施設入所されているご利用者がたくさんいらっしゃいます。その上で、なんの変化もない平凡な生活をただただ送っていくのをサポートしていくのは、簡単で難しい課題なのかもしれません。ですが、私は個人の気持ちとして、少しでも活動や職員とのコミュニケーションを通して楽しいと感じてもらえる時間の提供が出来たらいいなと思っています。

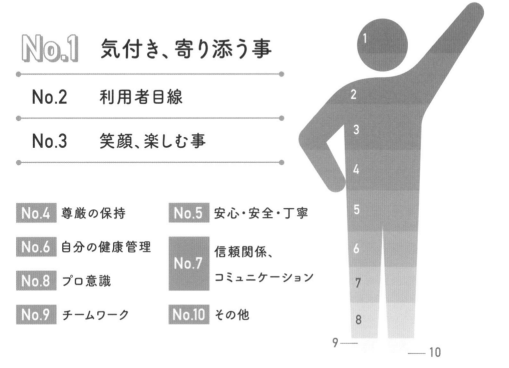

No.1 気付き、寄り添う事

No.2 利用者目線

No.3 笑顔、楽しむ事

No.4 尊厳の保持　　　No.5 安心・安全・丁寧

No.6 自分の健康管理　No.7 信頼関係、コミュニケーション

No.8 プロ意識

No.9 チームワーク　　No.10 その他

ご利用者一人ひとりにとっての『やりたいこと』『やりたくないこと』は様々なので、全員が楽しめる活動を提供することは難しいと思います。ですが、365日ある中で、毎日ではなくとも、個々に楽しめる何かを企画したり、ご利用者が持つ力を発揮できる場所を提供できるようにすることは、介護士として求められるケアの一部なのではないかと考えています。

どんな活動が正しい・間違っていると簡単に判断できないのが、今の仕事のやりがいであり、魅力的な部分でもあると私は感じています。難しいご利用者に対して何度もトライした結果、笑顔が引き出せたら私の勝ちです。（笑）

笑顔が似合わないご利用者はいません。私は関わる全てのご利用者の笑顔の為に今の仕事をこれからも頑張っていきたいと思っています。（5年目・Hさん）

No.1 尊厳の保持

No.2 プロ意識

No.3 自分の健康管理

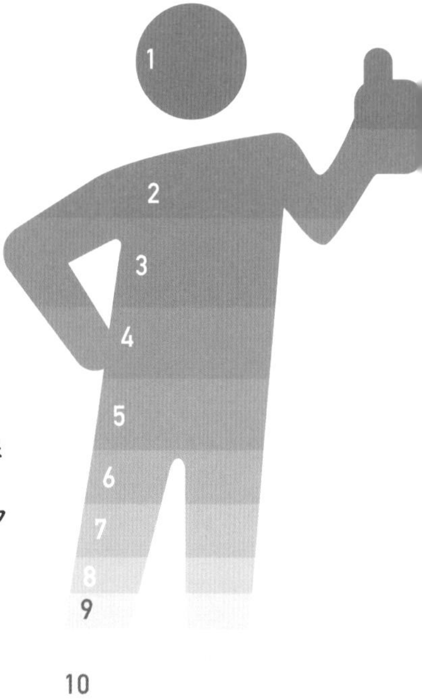

| No.4 笑顔、楽しむ事 | No.5 利用者目線 |

| No.6 気付き、寄り添う事 | No.7 チームワーク |

No.8 信頼関係、コミュニケーション

| No.9 思いやり | No.10 その他 |

1
2
3
4
5
6
7
8
9
10

初心を忘れずに励む！

入職して2ヶ月目の時の出来事です。
あるご利用者に「君はいつも元気でニコニコしているね。こっちまで嬉しい気持ちになって元気が出るよ。ありがとうね。」と笑顔で言っていただいた事がありました。
私はそのご利用者の『いつも』という言葉に驚きを覚えました。
入職したての私は、恥ずかしながら認知症を抱えると、"憶える事が困難になり、出来なくなってしまう"と思い込んでいたことと、そのご利用者は大柄な男性で、入職したての私は何度も介助を拒否されたことがあり、苦手意識を持っていたからです。
その方からの一言が、私の認知症に対する思い込みをなくし、介護の仕事の喜びとやりがいを教えてくれました。

No.1 笑顔、楽しむ事

No.2 尊厳の保持

No.3 気付き、寄り添う事

No.4 信頼関係、コミュニケーション

No.5 安心・安全・丁寧　　No.6 プロ意識

No.7 自分の健康管理　　No.8 思いやり

No.9 チームワーク　　No.10 その他

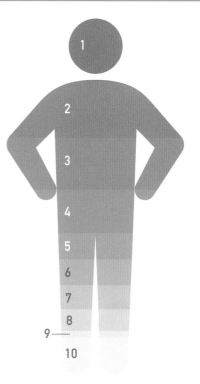

この出来事をきっかけに私は毎日元気で明るく・笑顔をモットーに仕事をしています。

施設は生活の場であり、なじみやすい雰囲気をつくるのも私達の仕事です。私達も笑顔で楽しく毎日を過ごせばご利用者にとっても、安心して楽しい日々が過ごせるのではないかと思っています。

ご利用者は様々な障がいを抱え、時に感情の起伏があり、毎日を笑って過ごすことが難しい方もいらっしゃいます。しかし、その方達と自分が関わることで、笑顔で過ごしていただけたらと思い"また明日も頑張ろう。明日はもっと笑っていただこう"と常日頃ケアに励んでおります。

これからも初心を忘れず、ご利用者と共に明るく・楽しく生活していきたいと思います！

（8年目・Sさん）

今この時にしかできない

私は介護の仕事に就いてからたくさんの方を看取らせていただきました。『昨日会った時は「また明日！」と笑顔で声を掛けてくれた方が次の日には亡くなってしまっていた』、『さっきまでは普段と変わりなく過ごされていた方が急変し亡くなってしまっていた』等、介護の仕事をしていればもしかしたら誰しもが経験する事かもしれません。

"その方の長い人生で最期に対応するのが私かもしれない"そう思うと、今できることを精いっぱいやろうという気持ちになります。

中途半端な事をしてしまうと自分もすごく後悔してしまうと思います。

その方のためにも自分のためにも私は"今この時にしかできない"という気持ちで、悔いのない様対応する事を大切にしています。（14年目・Tさん）

介護士のイメージ

介護の仕事でのこだわりや大切にしている事ではないかもしれませんが、お洒落な介護福祉士になりたいという気持ちが強くあります。

私は介護の仕事をやっている人＝地味、ダサいというイメージが嫌です。

なので自分なりにお洒落を意識し、身だしなみは気にかけています。

介護業界って皆さんが思っているよりも、明るい人や面白い人、かっこいい人、綺麗な人多いですよ♪（8年目・Kさん）

教えてっ！
休日の過ごし方

これがわたしの
めっちゃ
ホリデー

 日本語の勉強や、体操をしてます！

 好きな歌手のライブに行ったり、曲を聴いたり♪

経験3年未満

 👑1 家でのんびりゆっくり（32%）

 👑2 趣味（19%）

 👑3 外出・旅行（10%）

4 体を動かす・リフレッシュ（9%）

5 買い物（7%）　　6 自己啓発（5%）

7 家事（5%）　　　その他（13%）

 アウトドア、キャンプなど

友人とカラオケに行って、ストレス発散！

 友人と遊んだり、1人で出掛けたり

 テーマパークに行って休日を満喫！

介護福祉士の取得に向けて勉強します。

経験6~10年

好きなドラマを観たり、音楽を聞いたり♪

 👑1 家でのんびりゆっくり（27%）

 👑2 趣味（18%）

 👑3 家族と過ごす（14%）

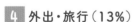

4 外出・旅行（13%）

5 家事（11%）

6 体を動かす・リフレッシュ（9%）

7 その他（8%）

趣味や子ども達との時間に充てています。

母親の家に行き、くつろいでいます。

子供と出かける。釣りや家の片付けもします！

家でペットとたわむれたりサイクリングに！

友達と遊んだり岩盤浴に行きます！

和歌や
日本語の勉強。

好きな
カフェに行って
まったりします。

岩盤浴に行ったり
ゲームをします！

映画観賞や
登山、スポーツで
リフレッシュ！

経験3~5年

👑1 家でのんびりゆっくり（29%）

👑2 趣味（24%）

👑3 家事（10%）

外に出かけて
風景などの写真を
撮影してます！

4 外出・旅行（8%）

5 体を動かす・リフレッシュ（8%）

6 友人と交流（6%）　その他（15%）

自宅で
ガーデニングや
アクアリウム。

介護関連の書籍を読んだり、
YouTubeの動画など、
なんでも介護に役立つような
気がして、流し見ている。

家でゆっくりと
録画した番組を
見ます！

経験10年以上

👑1 家でのんびりゆっくり（20%）

👑2 趣味（20%）

👑3 家族と過ごす（13%）

月に一度は
美味しいものを食べて
ストレス解消！

4 体を動かす・リフレッシュ（11%）

5 家事（9%）　**6** 外出・旅行（7%）

7 買い物（6%）　**8** 美味しいものを
食べる・飲む（3%）

その他（11%）

夜は早い時間から
お酒を飲むことが
楽しみ♪

マッサージや
エステで
リフレッシュ！

平日の休みは
家の掃除や、
一人で車で
出かける！

全体

自分の時間を有意義に使ってON・OFFをわけています

家でアニメを観たり漫画を読む。

 1 家でのんびりゆっくり（24%）

 2 趣味（21%）

3 家族と過ごす（10%）

思いきり寝る！！

買い物やドライブ・ツーリングや武道の稽古を行っています！

4 体を動かす・リフレッシュ（10%）

5 家事（9%）

6 外出・旅行（9%）

野球観戦をしたり美術館に行って気持ちをリセット！

7 買い物（5%）

8 友人と交流（3%）

はしご酒！

9 美味しいものを食べる・飲む（2%）

10 その他（7%）

街歩きなど趣味を満喫しています！

自分磨きや介護以外の自己啓発でリフレッシュ！

外国語の勉強！

スケートボードや洗車をする。

第3章

わたしはこうして乗り越えた

Care Worker Voice.03

壁

あたたかい言葉

介護職員として働き始めた新人の頃、ご利用者に「このへたくそ。お前はもう来るな。」と言われ、その方の介護に入ることが出来なくなってしまったことがありました。

介護をさせていただくにはどうしたらいいかを考える中で、まずはご利用者がどのような想いでいらっしゃるかに焦点をあて、一方的な声掛けではなく、その方の想いに沿った声掛けをしていけるように心掛けてみました。すると、「ありがとうな。」など、温かい言葉をかけていただけるようになりました。

このことを通して改めて気づいたのは、介護は相互のコミュニケーションが基本であるということです。まずはその時のその方の想いを汲み取り、尊重することが大切であると理解することが出来ました。（13年目・Aさん）

私は普段から話し声が小さい方でした。耳の遠い方が多い高齢者施設では、ご利用者に話が伝わらないことが多く、日々業務の中で苦戦していました。

しかし、諦めず相手の方に伝わるようにとコミュニケーションを続けていく中で、話すことに慣れてきて少しずつ言葉が伝わるようになってきました。そして、その積み重ねが自信となっていきました。（1年目・Uさん）

諦めずに積み重ねる

私は、特別養護老人ホームで働いて2年目になります。入職して間もないころ、新人の私にだけ厳しく、口調が荒いご利用者の対応に困惑していました。私はそのご利用者に対して"なんでそんな言い方をするんだろう。理不尽だなあ。"と思うこともしばしばあり、更に苦手意識が増し話しかけることが出来なくなっていました。そんな中で少しずつ経験を重ねていくうちに、他の職員や先輩方はご利用者の顔色をうかがいつつ積極的に話しかけるアプローチの工夫をしていることに気づきました。それから最初は重い腰を上げるようでしたが、少しずつコミュニケーションの図り方を工夫していく中で、そのご利用者とも穏やかに会話ができるようになりました。

優しく接するということは表面的なことではなく、相手をうかがい、寄り添おうとする姿勢のことだと気付くことが出来ました。(2年目・Nさん)

お互いが納得できる形を探す

とある利用者さんに対するケアの方法を検討していく際、なかなか職員間での意識の共有がうまくいかず、統一したケアが出来ない事がご家族からのクレームにつながってしまいました。

その後、ミーティング等での情報共有も進めていきましたが、なかなか浸透せず「やる人」と「やらない人」に分かれてしまうことが続き、一人で抱え込んで悩んでしまうことがありました。

その違和感に気づいた上司と沢山話し、自分がどうしたいのか、何を目的として利用者とかかわるべきなのかを再認識し、フロア間でのケアの統一の必要性、質の高いケアの方法等を模索する、いいきっかけとなりました。

それぞれの考えややり方を、無理やりではなく、お互いが納得できる形にすることで、最後はご家族からも感謝の言葉を聞くことができたので、まずは言葉にして相談してみる事の大切さを実感しました。（5年目・Fさん）

普段から他のご利用者と口論やトラブルを起してしまうご利用者に"なんでこの方は
こんなに人のやることなすことに文句をつけるのだろう。"と、俯瞰で見てしまう自分が
いました。

ある日、「ごめんね。こんなことばかり告げ口して。でも居てもたってもいられない時が
あるの。」と不安な気持ちを打ち明けられました。その時に"ああ、この方のもっと内側を
見てケアしていこう。心が和らぐように声を掛けていこう。"と俯瞰で見ていた自分の
気持ちも和らいで穏やかな気持ちでケアできるようになりました。（9年目・Kさん）

自分に起きた変化

引っ込み思案で恥ずかしがり屋の私は、話す
ことがあまり得意ではありませんでした。

しかし、この仕事を始めてから人と話す時間が
増え、自然と話すことが好きになりました。
自分の変化に自分が一番驚いています。

今では、気難しいご利用者にも"どうやって
信頼を深めていこう"、"どうしたらこの方の
笑顔を引き出せるだろう"と考え関わっていく
ことが楽しみになっています。（4年目・Nさん）

3 わたしはこうして乗り越えた
〜 チームワーク編 〜

一人ではない

自分で全てやらなくては！と背負い込むことが多かったのですが、周りが気にかけてフォローしてくださり、自分一人ではないと感じることが出来ました。（2年目・Mさん）

ご家族からの言葉

入所したばかりでまだ信頼関係が築けていないご利用者のお怪我や私物の破損が立て続いてしまったことがありました。ご家族をも不安にさせてしまい、関係性もぎくしゃくしてしまっていたのですが、職員みんなで懸命にその方に向き合い、ご家族とのコミュニケーションも積極的に図っていきました。ある時、ご本人とご家族から「ここに入所できてよかった。」とおっしゃっていただき、一つ壁を乗り越えたと感じました。（25年目・Oさん）

考え方の変化

自分が目指すもの、事などを実現するために相応の立場についたのですが、いざそれを実行しようとしたとき、チームの理解、賛同が得られないことがありました。その時、ケアは一人でできる事ではなく、関わる全ての職員と思いを共有し、協働することの重要さと、独りよがりだった自分に気づかされました。そこから、ご利用者はもちろんのこと、職員も尊重するように考えを変えることができました。（10年目・Jさん）

入職して間もないころに食堂内の見守りを担当した際、歩行が不安定なご利用者が立ち上がっていることに気づかず、他の業務に没頭してしまうことが多々あり、その度に先輩職員に気づかせてもらっていました。経験を重ねるにつれ、ご利用者の特徴や性格などが分かってきた今では、自然と全体を意識して業務を行えるようになっていけていると思います。（9年目・Kさん）

諦めずに関わり続けること

攻撃的な言動・行動のあるご利用者について、どういう声掛けや環境が気分を害するのか、また、どうしたら気持ちが落ち着くのかを職員全員で表に書き出しました。そして、そこから見えてきたことや実際にうまくいった声掛けを共有し、対応にあたることにしました。

私自身、その方と関わることが難しく避けがちになっていた時期があったのですが、他の職員はそのことを理解してくれて、見守ってくれました。避けてばかりではいけないと、うまくいった声掛けを真似するなどして対応していると、時間が経つにつれてだんだんと関われるようになっていきました。今でも対応が難しいことがありますが、介助に入った際に「ありがとう。」と言われたときは、怖がらず嫌にならず諦めずに声掛けして関わって良かったと思いました。（6年目・Iさん）

不得意なことと向き合う

施設で働いているなかで、日々ご利用者の生活に何らかの変化が起きたり、迅速な対応が求められることが多いと気づきました。その為、臨機応変な対応が出来なければなりません。また、その方にとって今一番必要なケアが何であるかを考えていく上で、長期的な計画を立てることも重要だと感じます。私は昔から計画を立てて行動することに対して苦手意識を持っており、計画通りに行動をする事は今でもまだ苦手です。しかし、逃げ出さずに、自分の不得意な部分と向き合っていこうと思います。（3年目・Mさん）

互いの感情を共有する

介護の仕事をする上で、自分の感情とご利用者の感情がいつも一致するわけではないという事を知りました。こちらがやってほしい事柄と、ご利用者にとってのやりたくない事柄をどう一致させていくのかが大きな課題でもありました。
そこで、まずは自分の感情をコントロールできるようになるべきだと思い、常にご利用者の気持ちを一度受け止め、どうしたらお互いの最善であるかを考えるようになりました。少しずつではありますが、自分の気持ちをご利用者に押し付けるのではなく、互いの感情を共有しながら、ご利用者の思いを汲み取る癖を身に付けることができました。（15年目・Gさん）

介護の仕事といえば、衣・食・住を主に支えるものであると思っています。
その中でも、私は排泄介助に対して苦手意識がありました。もちろん、
トイレに1人で行ける方、失敗してしまう方、トイレに行くことが難しい
方など、様々なご利用者がおられます。これまで生きてきた中で、誰かの
トイレを手伝うと言った経験など無く、頭の中では理解していても、いざ目の
当たりにした時に、体が上手く動かない事がありました。
正直、このままで私は社会人として仕事を全うしていけるのかと不安になり
ましたが、少しずつ経験を積んでいくことで、1人でも対応できる成功体験が
増えていきました。失敗することもまだまだありますが、これからも少しずつ成長
していけたらと思っています。（2年目・Kさん）

介護の経験がほとんどない状態から、夜勤バイトとして介護の世界に入った
こともあり、指導者それぞれのやり方を教えてもらっても、何が正解なのか
わからずに戸惑うことが多くありました。緊急性や最優先事項等の判断も
うまく出来ず、落ち込むことが多かったです。
そのため、一緒に働く他職種の方々と積極的にかかわり、コミュニケーションを
図りました。その中で、何が最善策なのか・判断基準はどうしたらいいのか
等を考える力を自然と身に付けられるようになりました。また、実務者研修
等を受け、基本的な介護のやり方を勉強し直すことで、自分の行う仕事内容
にも自信を持つことができるようになりました。（5年目・Hさん）

42

人生に寄り添う

ご利用者が亡くなった際、ショックが大きく、仕事を続けることが難しいと思う時期がありました。それでも仕事を続けていく中で、その方の人生に関われたことの素晴らしさを考えるようになり、人生の最期まで寄り添う気持ちになりました。（6年目・Sさん）

一瞬一瞬に全力

ご利用者がお亡くなりになることが一番辛いです。常に当たり前に毎日が来ると決めつけず、日々、一瞬一瞬、全力でご利用者と向き合うことで、後悔をしない・させないと意識し、仕事に対する姿勢を変えることで乗り越えてきました。（10年目・Yさん）

人の死と向き合う

新人の頃は人の死に恐怖がありましたが、『最期をお手伝いさせていただける』という考え方ができるようになってからは、ご利用者の看取り介護にもしっかりと向き合えるようになりました。（23年目・Tさん）

担当していたご利用者が亡くなられた時、あまりの辛さに介護の仕事から離れたことがありました。ご利用者と関わりたいという気持ちが大きくなりこの仕事に戻ってきた今でも、辛いことに変わりありませんし、慣れることもありません。無理に乗り越えるものでもないと思っています。ですが、この仕事の責任感や奥深さを実感し、自分なりに受け止めることができるようになってから、考え方や捉え方は変わったと思います。（11年目・Wさん）

考え方の変化

入職して1年目の時、独り立ちをして間もないころの夜勤で、担当していた看取り介護のご利用者が急変してお亡くなりになりました。初めて、目の前でご利用者が息を引き取る瞬間に立ち会った為、大きなショックを隠し切れず、泣きながら夜勤を過ごした記憶があります。

"どうして私の時だったのか"とその理由ばかりを考えてしまい、面会に来ていたご家族へも声を掛けることができずにいました。しかしご家族は、「最期まで面倒を見てくれてありがとうございました。」と未熟な私に温かい言葉を掛けてくださいました。

それ以来、ご利用者の為に何ができるのかを考えるようになり、ご利用者本位のケアのあり方について学ぶきっかけとなりました。（5年目・Fさん）

解釈を怠っていた自分

看取り介護対応のご利用者が、医療的処置が必要とのことで入院することになりました。その時私は、"看取り介護の対応なのに…"と、そのご利用者が施設で最期を迎えられないことにやるせない気持ちを抱えていました。

後日、安らかな表情で亡くなったと聞き、看取り介護対応の線引きや解釈を怠っていた自分を反省するとともに、その方が安らかに最期を迎えたことに"よかった"と感じることができました。（9年目・Kさん）

入浴介助中にご利用者が転倒し、その後の生活が一変してしまいました。自分自身を責め、この仕事を続けていく事への恐怖もありましたが、他の職員が精神的に支えてくれたおかげで、また同じことを起こさないよう検討を重ね、ケアを見直すことや必要物品を選定することなど、前向きな方へと意識を変えていくことができました。(16年目・Sさん)

失敗を繰り返さない

事故は0にはならない

夜勤中にご利用者が転倒、骨折してしまったときには、防ぎようがない事でしたが自己嫌悪に陥りました。ご家族は咎める事はされず、逆に気を遣ってくださりました。人員配置は基準通りで問題はありません。職場のせいや誰かのせいにしても始まらない。制度自体を変える、動かすことが必要で、そのためには胸を張れる仕事ぶりが必要であると感じました。その後は、ご利用者の特徴や睡眠、行動を自分なりにアセスメントすることで、万が一事故があったとしても、最小限のアクシデントで済むように工夫しています。決して手を抜く事ではありませんが、「事故は0にはならない」と少し気持ちを楽にさせています。(17年目・Yさん)

先輩のアドバイス

夜間活発に行動されるご利用者が、私の夜勤中に2度転倒してしまったことがあります。面会に来られたご家族にも謝罪し、以降同じことは起こっていませんが、ご家族との関係性はギクシャクしたままで落ち込んでいました。そのことを先輩職員に相談すると、「転倒のことはもちろんだけど、ご利用者のこともご家族のこともっと自分から知ろうとするといいよ。今度、娘さんが来たら、娘さんの苗字で呼んで話しかけてごらん。」とアドバイスをもらい、良好な関係を取り戻すことができました。
(9年目・Bさん)

第4章

わたしの心に響いた言葉

Care Worker Voice.04

「ご飯食べに行こう!」

仕事で些細なミスを繰り返してしまったことがありました。
次回からは直そうと意識をしていたのに、また指摘されてしまい落ち込む毎日。
お昼休憩、1人になりたいときに使っている公園のベンチでお気に入りの
菓子パンをかじるも、のどを通りません。
気が付くと、上司がとなりのベンチに座って缶コーヒーを飲んでいました。
特段話しかけてくる様子もない上司に、私はただただ自分の思いを吐き出しました。
隣にすわったまま静かに缶コーヒーを傾けながら、
上司は「うんうん。そうか」と話を聞いてくれました。

ただそれだけのことなのですが、私の心は不思議とわたあめのように軽くなったのです。
休憩時間が終わる5分前、上司が突然立ち上がり、ニコッと私に笑いかけました。
すがすがしいほどの笑顔。その笑顔をみて、私はなんでこんなに
悩んでいたのだろうと馬鹿らしくなってきました。
そのまま公園の出口に向かい歩き出した私の背中を叩きながら、
上司は「ご飯食べに行こう!」と誘ってくれました。

数年後、今では私も成長し、後輩指導に当たっています。
彼らを見ていると、昔の自分を思い返すことがいくつもあったり…
今なら、落ち込んでいる背中はこんなにもわかりやすいものなのだと分かります。
私は、あの日の上司の真似をして、後輩の背中を叩きながら「ごはんいこう!」と
誘ってみました。今度は私が支える番だ!(8年目・Nさん)

最期の瞬間に あなたを選んでくれているんだよ。

前日までは元気そうな様子だったご利用者が、急変し亡くなられました。
その時、「なぜ自分の出勤の時に！？」と思い、焦りと戸惑いがあふれ出てしまい、
うまく動くことができずにいました。
冷たくなった体を見つめながら、ご出棺の準備をしたり、
ご家族へ連絡をしたりと、悲しむ暇さえもない状態でバタバタと動き回り、
すべてが終わったときには、立っていることすらも難しい状態でした。

そんな時、上司から
「最期の瞬間にあなたを選んでくれているんだよ。介護をやっている中で
それは最高に嬉しいことだから誇りを持って良いんだよ。」と言われたのです。
激務を乗り越えた私の心に、その言葉はゆっくりと染み込んできました。
"ああ、私は選ばれたんだ。私だから選んでもらえたんだ。"と自分の中に
落とし込むことで嬉しさで心がいっぱいになりました。（26年目・Tさん）

「〇〇さんが思うようにやりなさい。」

役職について間もない時、担当したショートステイの
ご利用者のご家族からクレームが入りました。
私としては一生懸命にやったつもりでしたが、ご家族にとっては
有難迷惑だったのだろうと思います。

正直、自分のやり方が間違っていたとは思っていなかったですし、
手抜きをしたと指摘されるようなケアをしてきたわけでもありません。
それなのに、「クレームがあったよ。」と連絡が入ったのですから、本当に驚きました。
信じられなかったです。

自分の中の正しさがほかの人には通用しないこともあるということを実感し、
その苦しさから、私はひどく落ち込んでしまいました。
そんな私に、上司は、「〇〇さんが、思うようにやりなさい。私はちゃんと見ているから。
いい加減なケアをしていないのは知っているから大丈夫。」と声をかけてくれました。

その言葉を聞き、"ちゃんとやっている姿を見てくれている人がいる。それで十分だ。
私にはちゃんと私のことを知ってくれている同僚や仲間がいる。"と思い、
大きな勇気をもらえた経験となりました。（21年目・Dさん）

「よく頑張ってくれたね。」

入職してからずっと声を掛けてくださり、いつも元気をもらっていた
担当のご利用者を看取らせていただいたときのことです。

ある日、夜の洗面介助に伺うと、呼吸の確認ができず、
そのままお亡くなりになりました。
突然のことでどうしたらいいのか分からず、体も思うように動かず、
立ちすくんでしまっていた私ですが、上司が声を掛けてくれて、
落ち着いて対応することができました。

すべてが終わった後、一緒に担当した上司から、
「よく頑張ってくれたね。」と声を掛けてもらえました。
今でも心の中にその一言が浮かぶたびに、仕事を頑張っていこうと思えます。
（3年目・Uさん）

あなたが元気なくてどうするのよ。あなたから元気と笑顔をとったら何が残るのよ。

介護の仕事に就いて1年経たないくらいの頃に、
仕事で落ち込み元気が出ない時がありました。
そんな時、上司が肩をポンッと叩き「あなたが元気なくてどうするのよ。
あなたから元気と笑顔をとったら何が残るのよ。」と笑いながら声を掛けてくれました。
私の事を気にかけてくれた事や、元気づけようと声を掛けてくれた事が
嬉しかったのと、元気や明るさをモットーに仕事をしていたので、
『あなたはいつも元気なのが良い所なんだよ』と言っていただいた気がして、
とても嬉しかったのを覚えています。
今では逆に元気すぎと叱られます。（笑）（8年目・Sさん）

大丈夫、ダメな時はちゃんと言うから。

自分の行動や判断に自信を持てないでいた時に、
「あなたは一つ一つの仕事を丁寧に一生懸命に頑張ってやっているから大丈夫。
ダメな時はちゃんと言うから。」という言葉をもらい、自信につながるとともに、
思い切って仕事ができるようになりました。（3年目・Aさん）

「
たくさん甘えなさい。
そして、君が成長したら、
それを皆に返せるような
人になりなさい。
」

この言葉は人に頼る事が苦手だった
私にとって勇気を持たせてくれました。
現在の頑張るモチベーションの
一つになっています。（2年目・Mさん）

新人の時、こんな言葉で勇気づけられました

🔊 覚えるのが早いね。

🔊 優しい声掛けだね。

🔊 周りに頼っていいんだよ。

🔊 どこの施設に行っても
　　やっていけますよ。
　　どこにも行って欲しくないけど。

"出来ない"を"出来る"に変えるクリエイティブな介護の仕事!

東京ケアリーダーズの結成当初からアンバサダーを務めさせていただいているフリーアナウンサーの町亞聖です。トレードマークの真っ赤なジャケットを少し照れくさそうに身にまとった東京ケアリーダーズのみんなの初々しい姿は今も忘れられません。あれから6年以上が経ちましたが、試行錯誤しながら自分達の言葉で介護の魅力を発信し続けてきた彼らの成長の証が詰まった冊子が出来上がりました。この冊子を読んでいただければ1人1人の人生に寄り添う介護の仕事がとてもクリエイティブな仕事だということが分かってもらえると思います。その人を知ることから介護は始まりますが、その人らしく生きるためにどうしたら良いのかを考える時に求められるのが"想像力"です。認知症だから…車椅子だから…と実は本人や家族が諦めてしまっていることが沢山あります。ですが介護職のサポートがあれば無理だと思い込んでいることを"出来る"に変えられるはず。利用者さん「に」お茶を出すことではなく、利用者さん「が」自分でお茶を淹れられる"環境を整える"ことが介護の役割です。

私が高校3年の時に母が病気で倒れ車椅子の生活になり、最近注目されている"ヤングケアラー"の当事者になりました。母と過ごした日々から学んだことを伝えたいとアナウンサーを目指しましたが、伝える仕事に就いていなければ福祉の仕事に携わろうと思っていました。もしかしたらみなさんの先輩(上司?!)になっていたかもしれません。東京ケアリーダーズのみんなと居るとこんな"仲間"がいたらなと思い、勝手にメンバーの一員のつもりでいます(笑)。この冊子を手に取ってくれた貴方もぜひ東京ケアリーダーズの仲間になりませんか。

東京都社会福祉協議会
東京都高齢者福祉施設協議会
応援アンバサダー　町 亞聖

おわりに

ご利用者の大切な命を預かる介護職員の仕事ですが、多くの方は3K（きつい・汚い・危険）という印象が先行してしまうのではないでしょうか。この印象は、多くの若者を介護の仕事から遠ざけてしまっていると感じます。介護業界に根付いた負のイメージを払拭し、私たちの仕事を正しく理解してもらうべく、東京都社会福祉協議会　東京都高齢者福祉施設協議会（以下 高齢協）では、平成28（2016）年度の最重点目標として、「介護人材対策の推進ならびに社会福祉法人への理解促進のための広報強化」を掲げ、現在の情報・広報室を設置しました。そして、自らがその責任者を拝命し、次世代を担う介護職の育成と、介護職の魅力や、やりがいが伝わる情報発信の強化を目的に、若手介護職員を中心としたチーム「東京ケアリーダーズ」を設立したのです。発足から6年、各種福祉イベントなどで歌やダンスを披露するなど、歌って踊れる介護職員という新たな発想で活動することで、幅広い世代に関心を拡げ、介護の魅力を伝えてきました。「東京ケアリーダーズ」のメンバーは、若手の介護職員が悩み考えながら一歩ずつ前進する姿、ひたむきに高齢者と向き合う姿を私たちに見せてくれています。このような活動はまだまだ珍しく、他道府県からも注目されているように思います。この度完成した本書からは、単にお世話をするというだけではない、人としての尊厳や、生命にも関わる介護の専門性の高さ、職場内やご利用者、ご家族などを含めた人間関係の葛藤や感動が伝わるのではないでしょうか。福祉や介護の分野は、とかく接点のない方にとってはイメージが乏しく、言葉だけではその魅力が伝わりにくいものです。彼らの活躍と発信で多くの方に'業界の今'をお知らせすることができたと確信しております。

最後までお読みいただき、本当にありがとうございました。

東京都社会福祉協議会
東京都高齢者福祉施設協議会
副会長
情報・広報室長　水野　敬生

活動紹介

社会福祉法人 東京都社会福祉協議会（東社協）とは

東社協は社会福祉法第110条に基づく都道府県社会福祉協議会として、社会福祉に関わるさまざまな課題の解決や、福祉サービスの向上などを目的に、広報・啓発や調査研究、講座・研修、ボランティア・市民活動の推進、権利擁護、福祉人材の確保、施策提言など、幅広い活動を行っている公共性の高い非営利の民間団体です。

東京都高齢者福祉施設協議会（高齢協）とは

東社協の業種別部会連絡協議会に属する部会の一つとして、東京都内で主に社会福祉法人が運営する特別養護老人ホーム・養護老人ホーム・軽費老人ホーム・地域包括支援センター・在宅介護支援センター・デイサービスセンターなど約1200にのぼる事業所が会員として加入する団体です。

東京の高齢者福祉の発展と、福祉サービスの質の向上を目指して、業種別・職種別・テーマ別などさまざまな委員会活動を通して、研修会の企画や調査研究、提言活動、ネットワークづくりに取り組んでいます。

東京ケアリーダーズとは

東京都内の高齢者福祉施設・事業所（高齢協会員施設）で働く若手介護職員によるユニットで、メンバー全員が特別養護老人ホームやデイサービスセンターなどの高齢者福祉施設で働く現役の介護福祉士です。自分たちの言葉で「介護の仕事の魅力」を伝えることを目的に活動しています。

「介護の仕事の魅力を多くの人に知ってもらいたい！」「次世代を担う若い人たちに介護の仕事のすばらしさをアピールしたい！」という熱い思いを持ち、介護の仕事をPRする"大使"として、日々邁進中です！

これまでの主な活動内容	・就職フェアや各種イベント等への出演 ・業界PRチラシ・動画等への出演 ・東京都高齢者福祉施設協議会の発行物への寄稿、インタビュー取材 ・その他、一般紙、業界紙等からの取材対応など